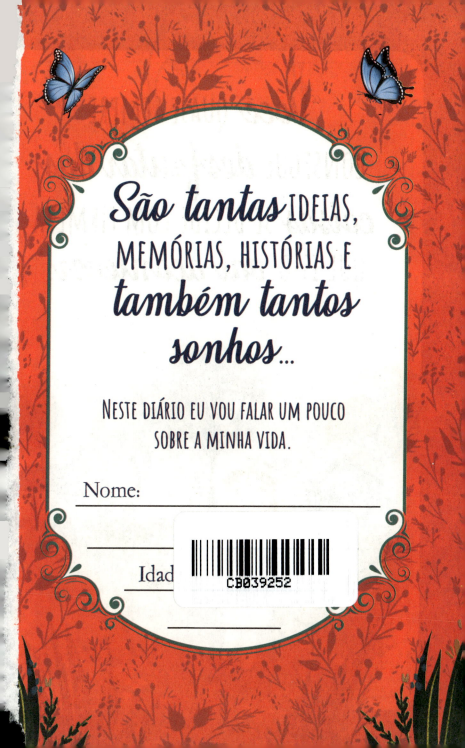

São tantas ideias, memórias, histórias e também tantos sonhos...

Neste diário eu vou falar um pouco sobre a minha vida.

Nome:

Idade:

"*Você* quase sempre consegue *desfrutar das coisas* se decide com firmeza que isso *vai acontecer.*"

Eu acredito que coisas boas acontecerão:

🍁 _____
_____
_____
_____

🍁 _____
_____
_____
_____

Grandes desejos:

_____
_____
_____
_____

Grandes palavras são necessárias para expressar grandes ideias. Estas são grandes ideias que admiro e o motivo pelo qual elas chamam a minha atenção:

Minhas ideias:

Aqui estão algumas das palavras de que mais gosto.

- ❋ _____
- ❋ _____
- ❋ _____
- ❋ _____
- ❋ _____
- ❋ _____
- ❋ _____

Palavras que eu descobri recentemente:

_____

_____

_____

"Tem algo de esplêndido com relação a algumas palavras. 'Infinito, eterno e imutável.' Não é grandioso?"

"*Parece que* FOI TIRADA DAS PÁGINAS DE *um livro* DE CONTOS, OU DE *um sonho*."

Frases de livros que levo comigo e que têm um significado especial para mim:

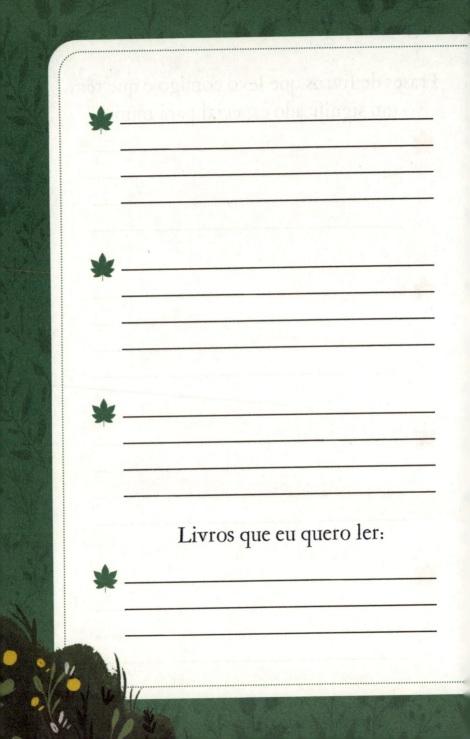

Livros que eu quero ler:

Meus gêneros literários favoritos:

_____

_____

_____

_____

Gêneros literários que tenho vontade de conhecer:

_____

_____

_____

Divirto-me sonhando...

_____
_____
_____
_____
_____
_____
_____
_____
_____

Meu sonho mais engraçado e diferente:

_____
_____
_____

"*Você pode* ATÉ NÃO *conseguir* ESSAS COISAS, MAS NADA PODE LHE *impedir* DE TER A *diversão de ansiar* POR ELAS."

"Todas as coisas grandes estão *conectadas* às coisas *pequenas*."

Meus pequenos gestos que levam a algo grandioso:

Minhas descobertas sobre o mundo:

Minha descoberta de mundo mais incrível:

_____

_____

_____

_____

O que eu gostaria de ter descoberto:

_____

_____

_____

Cole aqui uma foto de
seus amigos

"Quando temos AMIGOS, O CÁLICE DA *felicidade* SE TORNA *completo*."

Momentos felizes com meus amigos:

"*Um elogio* é uma doce *palavra* que pode acalentar um *coração* e enchê-lo de *felicidade*."

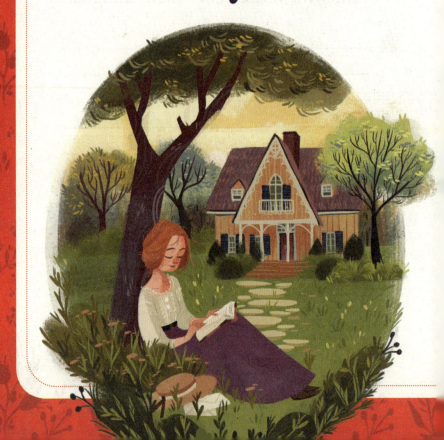

Características que admiro nas pessoas ao meu redor:

-
-
-
-
-
-
-

Pessoas que me inspiram:

Como me vejo no futuro:

🍁 _____
_____
_____
_____
_____
_____
_____
_____

Características que admiro em
mim e que me fazem ser uma
pessoa melhor a cada dia:

_____
_____
_____

"*Nossos sonhos* PODEM SER *costurados* DE UM POSSÍVEL FUTURO COM O *tecido dourado* DO PRÓPRIO OTIMISMO DA *juventude*."

"*Não dá* para ficar triste por *muito tempo* com um mundo tão *interessante* quanto este, *não é?*"

O que vejo de interessante no mundo hoje:

_____
_____
_____
_____
_____
_____
_____

Pensamentos e lembranças que me deixam feliz nos dias ruins:

_____
_____
_____
_____
_____
_____
_____

Coisas surpreendentes que aconteceram comigo:

❋ _____
❋ _____
❋ _____
❋ _____
❋ _____
❋ _____
❋ _____

O mundo também me surpreendeu:

❋ _____
❋ _____
❋ _____
❋ _____
❋ _____
❋ _____
❋ _____
❋ _____

"*Simplesmente* DEIXEI MEUS PENSAMENTOS *correrem* SOLTOS, E *pensei* NAS COISAS MAIS *surpreendentes* QUE HÁ."

"A *adversidade* PODE SER UMA *bênção*."

Meus momentos de adversidade:

_____

_____

_____

_____

_____

_____

_____

_____

O que eles me ensinaram:

_____

_____

_____

_____

_____

_____

_____

_____

_____

_____

Aventuras e descobertas em casa:

* _____
* _____
* _____
* _____
* _____
* _____
* _____

Cole aqui uma foto daquele
cantinho especial de sua casa

"*Nenhum lugar* no mundo é melhor do que o *nosso lar.*"

"*Não há música* MAIS DOCE NA *Terra* DO QUE AQUELA QUE O *vento* FAZ QUANDO PASSA ENTRE OS ABETOS NO FIM DA *tarde*."

Trilha sonora da minha vida:

* _____
* _____
* _____
* _____
* _____
* _____
* _____
* _____
* _____

Playlist Anne

Use o CELULAR para ler o QR CODE e ouça a playlist que preparamos para você!

DICA: ouça durante a leitura dos livros da coleção *Anne*.

Pessoas que eu admiro e os motivos que me fazem ter esse sentimento:

"*Aprendemos* a gostar de *uma pessoa* quando começamos a *entendê-la*."

"*O que importa* não é o que o *mundo* reserva para você, mas *o que você traz* para o mundo."

O que eu desejo trazer de bom para o mundo:

Eu espero um mundo melhor quando:

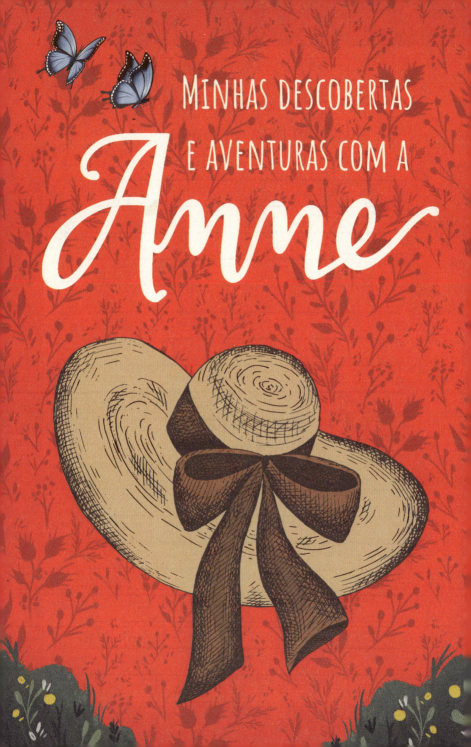

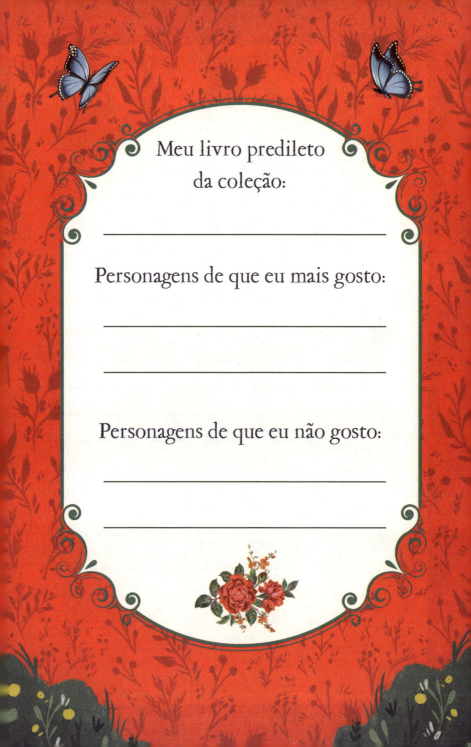

Meu livro predileto da coleção:

_____

Personagens de que eu mais gosto:

_____

_____

Personagens de que eu não gosto:

_____

_____

Citações de que eu gostei:

O que eu aprendi com a Anne:

Características que temos em comum:

Depois de refletir um pouco sobre os meus gostos, sobre quem eu sou, do que gosto e o que admiro, deixo aqui uma carta para o meu *Eu* do futuro.

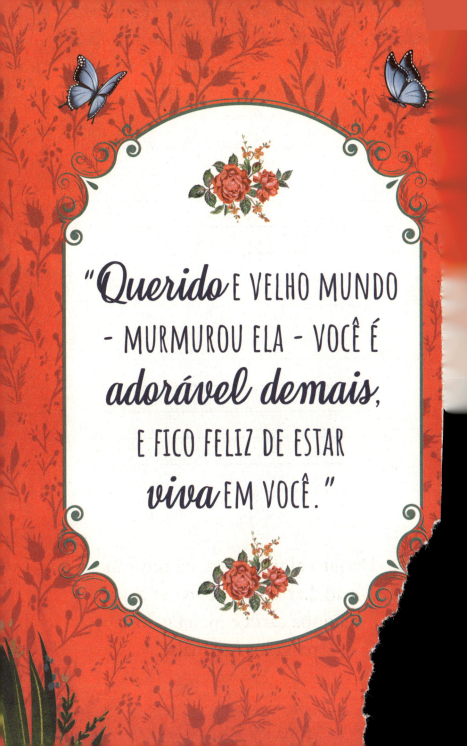

Daqui a alguns anos, eu retorno ao diário para revisitar a minha carta e meu *Eu* do passado. Até mais!